AF267990

CANTIQUES

DU

MOIS DE MARIE

A L'USAGE

DE L'ÉGLISE MÉTROPOLITAINE DE TOURS

CE RECUEIL SE TROUVE A LA SACRISTIE

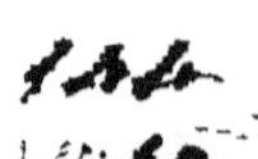

CANTIQUES

A LA SAINTE VIERGE

REINE DES CIEUX.

Reine des cieux,
Jette les yeux
Sur ce béni sanctuaire;
Et des pécheurs
Guéris les cœurs,
Et montre-toi notre Mère. (*bis.*)

Entends nos vœux,
Rends-nous heureux
En nous donnant la victoire :
Et pour jamais
De tes bienfaits
Nous garderons la mémoire. (*bis.*)

Mets en nos cœurs
Les belles fleurs,
Symboles de l'innocence :
Conserve-nous
Les dons si doux
De foi, d'amour, d'espérance. (*bis.*)

Astre des mers,
Des flots amers
Calme la vague écumante :
Chasse la mort
Et mène au port
Notre nacelle tremblante. (*bis.*)

> Si les accents
> De tes enfants
> S'élèvent jusqu'à ton trône,
> Dans ce séjour
> Du bel amour
> Garde-leur une couronne.   (*bis.*)

> Accorde-nous
> De t'aimer tous
> Dans la céleste patrie ;
> Et d'y fêter
> Et d'y chanter
> L'aimable nom de Marie   (*bis.*)

C'EST LE MOIS DE MARIE.

C'est le mois de Marie ;
C'est le mois le plus beau ;
A la Vierge chérie
Disons un chant nouveau.

Ornons le sanctuaire
De nos plus belles fleurs,
Offrons à notre Mère
Et nos chants et nos cœurs.
          C'est le mois, etc.

De la saison nouvelle
On vante les bienfaits :
Marie est bien plus belle,
Plus doux sont ses attraits.
          C'est le mois, etc.

L'étoile éblouissante
Qui jette au loin ses feux,
Est bien moins éclatante,
Son aspect moins pompeux.
          C'est le mois, etc.

Qu'une brillante aurore
Vienne enchanter mes yeux,

Marie efface-encore
Cet ornement des cieux.
    C'est le mois, etc.

Au vallon solitaire,
Le lys par sa blancheur
De cette Vierge-Mère
Retrace la candeur.
    C'est le mois, etc.

O Vierge, viens toi-même,
Viens semer dans nos cœurs
Les vertus dont l'emblème
Se découvre en des fleurs.
    C'est le mois, etc.

Fais que dans la patrie
Nous chantions à jamais,
O divine Marie,
Ton nom et tes bienfaits.
    C'est le mois, etc.

C'EST LE NOM DE MARIE.

C'est le nom de Marie
Qu'on célèbre en ce jour,
O famille chérie,
Chantez ce nom d'amour.

C'est le nom d'une Mère,
Chantez, heureux enfants ;
Unissez pour lui plaire
Et vos cœurs et vos chants.
    C'est le nom, etc.

C'est un nom de puissance,
Un nom plein de douceur ;
Mais toujours sa clémence
Surpasse sa grandeur.
    C'est le nom, etc.

C'est un nom de victoire,

Il dompte les enfers ;
Il nous donne la gloire
De briser tous nos fers.
C'est le nom, etc.

C'est un nom d'espérance
Au pécheur repentant,
Un gage d'innocence
Au cœur juste et fervent.
C'est le nom, etc.

La parole première
Que dit Jésus enfant
Fut le nom de sa Mère
Qu'il dit en souriant.
C'est le nom, etc.

Que le nom de ma Mère
Au dernier de mes jours,
Soit toute ma prière,
Qu'il soit tout mon secours.
C'est le nom, etc.

D'UNE MÈRE CHÉRIE.

D'une Mère chérie
Célébrons les grandeurs,
Consacrons à Marie
Et nos voix et nos cœurs.

CHŒUR.

De concert avec l'ange,
Quand il la salua,
Disons à sa louange
Un *Ave Maria*.

Modeste créature,
Elle plut au Seigneur,
Et Vierge toujours pure
Enfanta le Sauveur.   De concert, etc.

Nous étions la conquête
Du tyran des enfers;
En écrasant sa tête,
Elle a brisé nos fers.　　　　　De concert, etc.

Que l'espoir se relève
En nos cœurs abattus;
Par cette nouvelle Eve
Les cieux nous sont rendus.　　　De concert, etc.

O Marie, ô ma Mère,
Prenez soin de mon sort,
C'est en vous que j'espère
En la vie, à la mort !

　　　　　　　　　　　　　　　De concert, etc.

Obtenez-nous la grâce,
A notre dernier jour,
De vous voir face à face
Au céleste séjour.　　　　　　De concert, etc.

CHRÉTIENS QUI COMBATTONS.

Chrétiens, qui combattons aujourd'hui sur la terre,
Souvenons-nous toujours au milieu du danger,
Souvenons-nous qu'au ciel nous avons une Mère,
Dont le bras tout-puissant saura nous protéger.

CHŒUR.

Notre-Dame de la victoire
De l'enfer triomphe en ce jour;
Encore un chant de gloire,
Encore un chant d'amour.

Plaçons en elle seule une ferme espérance;
Que nos cœurs dévoués l'aiment jusqu'au trépas;
Et que de notre sein son nom béni s'élance
Pour nous rallier tous au plus fort des combats.
　　　　　　Notre-Dame, etc.

O Vierge immaculée et mille fois bénie,

Ajoutez à vos dons un don plus précieux ;
Faites qu'après le cours d'une piéuse vie
Et pasteur et troupeau soient reçus dans les cieux.
Notre-Dame, etc.

Et si le monde encor contre nous se déchaîne,
S'il brave le Très-Haut, s'il outrage ses lois ;
Marie, apprenez-nous à mépriser la haine
De tous ces ennemis qui blasphèment la croix.
Notre-Dame, etc.

Donnez à vos enfants la force et le courage,
Un courage à l'épreuve et du fer et du feu,
Prêts à sacrifier, si la lutte s'engage,
Nos âmes et nos corps en holocauste à Dieu.
Notre-Dame, etc.

PRÉVENONS LES FEUX DE L'AURORE.

Prévenons les feux de l'aurore,
Allons, précipitons nos pas ;
La Vierge nous appelle encore,
Allons nous jeter dans ses bras.

CHŒUR.

Allons offrir à notre Mère
Un cœur brûlant de son amour ;
Consacrons dans son sanctuaire
Les prémices d'un si beau jour.

Aux pieds de la Vierge fidèle
Venez répéter vos serments ;
Venez tous, elle vous appelle,
Car tous vous êtes ses enfants.   Allons, etc.

Justes, son amour vous invite,
Votre Mère vous tend la main :
Qu'à sa voix votre cœur palpite,
Venez reposer dans son sein.   Allons, etc.

Pécheur, son amour te réclame,
Pour toi son cœur est alarmé :
Ton crime a déchiré son âme,
Mais un fils est toujours aimé.　　　Allons, etc.

Vous tous, qui répandez des larmes,
Venez, venez à ses genoux ;
Et vos pleurs auront tant de charmes,
Que son cœur s'ouvrira pour vous.　　Allons, etc.

EN CE JOUR, O BONNE MADONE.

En ce jour,
　O bonne
　Madone,
Je te donne
Mon amour.

Jour et nuit
　La terre
　Entière,
Tendre Mère,
Te bénit.
　En ce jour, etc.

Pour toujours
　Mon âme
S'enflamme,
Et réclame
Ton secours.
　En ce jour, etc.

Si mon cœur,
　O Mère
　Si chère,
Peut te plaire,
Quel bonheur !
　En ce jour, etc.

O pécheur,
　La bonne
　Madone,
Te pardonne
De bon cœur.
　En ce jour, etc.

Donne-moi,
　Marie
　Chérie,
Pour la vie
D'être à toi.
　En ce jour, etc.

Nuit et jour
　Ma lyre
　Soupire,
Pour te dire
Mon amour.
　En ce jour, etc.

A la mort
　Qui prie
　Marie,
Plein de vie
Entre au port.
　En ce jour, etc.

SALUT, O VIERGE IMMACULÉE.

Salut, ô Vierge immaculée,
Brillante étoile du matin,
Que l'âme ici-bas exilée
N'a jamais invoquée en vain.

CHŒUR.

De tes enfants exauce les prières,
Du haut du ciel daïgne les protéger ;
Mère bénie entre toutes les mères,
Sois-nous propice à l'heure du danger.   } *bis.*

Heureux l'enfant qui se confie
En tes maternelles bontés ;
Il ne craint ni l'onde en furie
Ni l'effort des vents irrités.
  De tes enfants, etc.

Conduis au port notre nacelle,
Malgré les vents, malgré les flots :
Préserve-la, Vierge fidèle,
De l'écueil caché sous les eaux.
  De tes enfants, etc.

Veille sur nous, tendre Marie,
Surtout à l'heure du trépas ;
Fais qu'en la céleste patrie
Ton fils nous reçoive en ses bras.
  De tes enfants, etc.

UNIS AUX CONCERTS DES ANGES

Unis aux concerts des Anges,
Aimable Reine des cieux,
Nous célébrons tes louanges
Par nos chants mélodieux.

De Marie
Qu'on publie
Et la gloire et les grandeurs.
Qu'on l'honore,
Qu'on l'implore,
Qu'elle règne sur nos cœurs.

Auprès d'elle la nature
Est sans grâce et sans beauté,
Les cieux même sans parure,
L'astre du jour sans clarté.
De Marie, etc.

C'est le lys de la vallée,
Dont le parfum précieux,
Sur la terre désolée
Attira le Roi des cieux.
De Marie, etc.

C'est l'auguste sanctuaire
Que le Dieu de majesté
Inonda de sa lumière,
Embellit de sa beauté.
De Marie, etc.

C'est la Vierge incomparable,
Gloire et salut d'Israël,
Qui, pour un monde coupable,
Fléchit le courroux du Ciel.
De Marie, etc.

Ah ! vous seuls pouvez nous dire,
Mortels qui l'avez goûté,
Combien doux est son empire,
Combien grande est sa bonté !
De Marie, etc.

Oui, je veux, ô tendre Mère !
Jusqu'à mon dernier soupir,
T'aimer, te servir, te plaire,
Et pour toi vivre et mourir.
De Marie, etc.

VENEZ A MOI.

Venez à moi, je mène à la patrie
Par des sentiers de paix et de douceur :
Je suis au ciel votre Mère chérie,
Enfants, donnez-moi votre cœur.

CHŒUR.

Nous vous donnons à jamais, tendre Mère,
Tout notre amour.
Nous le jurons, jusqu'à l'heure dernière,
Et sans retour
Nous vous donnons tout notre amour.　　　(bis.)

Du haut des cieux, je souris à la terre,
En entendant vos cantiques d'amour ;
Ces doux serments ont touché notre Mère
Et ravi le divin séjour.
Nous vous donnons, etc.

Je vous protége au matin de la vie,
Sur tous vos pas je sème le bonheur ;
Devant mon Fils pour vous mon cœur supplie.
Et mon Fils, c'est le Dieu sauveur.
Nous vous donnons, etc.

Quand vous venez répandre vos prières
Et m'invoquer le soir en ce saint lieu,
Mon cœur s'émeut au cri de vos misères,
Et j'élève votre âme à Dieu.
Nous vous donnons, etc.

Fermez l'oreille aux vains bruits de la terre,
Pour écouter les douceurs de ma voix :
Enfants, soyez dignes de votre Mère,
Vous êtes nés pour être rois.
Nous vous donnons, etc.

VERS L'AUTEL DE MARIE.

Vers l'autel de Marie
Marchons avec amour ;
Vierge aimable et chérie,
Donne-nous ton amour.   (*bis.*)

Ton amour !... c'est le gage
Du bonheur de cé jour ;
Qu'il soit notre partage !
Donne-nous ton amour.   (*bis.*)

Loin de ton sanctuaire
Qu'il est de tristes jours !...
Contre notre misère
Donne-nous ton amour.   (*bis.*)

L'enfer dans sa furie
Nous poursuit chaque jour ;
Ah ! sauve-nous la vie,
Donne-nous ton amour.   (*bis.*)

La vie est un passage,
Au ciel, au ciel, un jour !...
Donne-nous-en le gage,
Donne-nous ton amour.   (*bis.*)

SOUVENEZ-VOUS.

Souvenez-vous, ô tendre Mère,
Qu'on n'eût jamais recours à vous,
Sans voir exaucer sa prière,
Et dans ce jour exaucez-nous.

Des siècles écoulés j'interroge l'histoire ;
Pour dire ses bienfaits ils n'ont tous qu'une voix :
Verrais-je en un seul jour s'obscurcir tant de gloire,
L'invoquerais-je en vain pour la dernière fois ?
          Souvenez-vous, etc.

Marie aux vœux de tous prête toujours l'oreille ;
Le juste est son enfant, il peut tout sur son cœur :
Mais auprès du pécheur jour et nuit elle veille,
Il est son fils aussi, l'enfant de sa douleur.
      Souvenez-vous, etc.

Mais, quoi ! je sens mon cœur s'ouvrir à l'espérance,
Il retrouve la paix, il palpite d'amour :
Je n'ai pas vainement imploré sa clémence,
La Mère de Jésus est ma Mère en ce jour !
      Souvenez-vous, etc.

Je n'ai plus qu'un désir à former sur la terre ;
O ma Mère, mettez le comble à vos bienfaits :
Que j'expire à vos pieds et dans ce sanctuaire,
Si je ne dois au ciel vous aimer à jamais.
      Souvenez-vous, etc.

TENDRE MARIE.

CHŒUR.

Tendre Marie,
Mère chérie,
O vrai bonheur
Du cœur :

Ma tendre Mère,
En toi j'espère ;
Sois mes amours
    Toujours. } *bis.*

Tout ce qui souffre sur la terre
En toi trouve un puissant secours ;
Ton cœur entend notre prière,
Et ton cœur nous répond toujours.
    Tendre Marie, etc.

Tu nous consoles dans nos peines,
Tu viens à nous dans l'abandon ;
Du pécheur tu brises les chaînes,

C'est toi qui donnes le pardon.
    Tendre Marie, etc.

Tu viens consoler ceux qui pleurent,
Et tu prends soin des malheureux ;
Tu viens visiter ceux qui meurent,
Et tu les portes dans les cieux.
    Tendre Marie, etc.

Tu te montres la Mère aimable
Auprès du petit orphelin ;
Celui que la misère accable
Auprès de toi trouve du pain.
    Tendre Marie, etc.

Je te consacre donc mes peines,
Je te consacre mes douleurs ;
Unissant mes larmes aux tiennes
Je taris ma source de pleurs.
    Tendre Marie, etc.

VOIS A TES PIEDS.

Vois à tes pieds, Vierge Marie,
Les enfants sur qui chaque jour
S'épanchent de ta main bénie
Les trésors du divin amour.

CHŒUR.

Tous heureux dans son sanctuaire,
Nous revenons célébrer ses bienfaits,
Crois en nos cœurs, auguste et tendre Mère,
Nous ne t'oublierons jamais,
Non, non, non, non, jamais ! jamais ! jamais !

Le monde de sa folle ivresse
En vain nous offre les douceurs ;
Loin de sa coupe enchanteresse
Une Mère garde nos cœurs.
    Tous heureux, etc.

Cent fois, planant sur notre tête,
La foudre a menacé nos jours ;
Quand gronde la noire tempête,
Marie en détourne le cours.
  Tous heureux, etc.

Du ciel, son regard tutélaire
Sur nous repose avec douceur.
L'encens de notre humble prière
Attire ses dons, sa faveur.
  Tous heureux, etc.

A tes bontés toujours fidèle,
Rends nos ennemis impuissants ;
Daigne nous couvrir de ton aile,
Marie, exauce tes enfants.
  Tous heureux, etc.

GLOIRE A DIEU.

Gloire à Dieu ! que toute la terre
  Tressaille d'amour !
Le Seigneur a fait ce beau jour :
  Une Vierge est sa mère !

Mon âme a tressailli, je sens, je sens mon cœur
Palpiter sous l'effort de son amour vainqueur,
  Je cède et je livre mon âme
  A cette heureuse flamme.
Mon Dieu, mon Dieu triomphe, et c'est un Dieu sauveur.
  Gloire à Dieu ! etc.

Du séjour de sa gloire il a jeté les yeux
Sur la terre d'exil, sur l'homme malheureux ;
  Il a vu toute ma faiblesse,
  Mais son amour le presse :
Il aime les mortels et veut souffrir comme eux.
  Gloire à Dieu ! etc.

Il a fait en mon âme un miracle éclatant,

Le Roi des cieux en moi s'est fait petit enfant ;
Il montre sa toute-puissance,
Sa bonté, sa clémence ;
Plus il veut s'abaisser, plus son nom sera grand.
Gloire à Dieu !

C'est le Dieu d'Israël, le Dieu des anciens jours,
Nos pères espéraient en son puissant secours ;
Et lui, fidèle à sa parole,
Il meurt, il nous console :
Qu'il règne dans les cieux, qu'il y règne toujours !
Gloire à Dieu !

VIERGE MARIE.

CHŒUR.

Vierge Marie,
Nous avons tous recours à vous :
Mère chérie,
Priez, priez pour nous.   (*bis.*)

Elle est pure, Marie,
Comme les rayons des cieux,
Belle toujours, jamais flétrie,
Du Seigneur elle a charmé les yeux.
Vierge Marie, etc.

Vierge pure et féconde,
Dans une extase d'amour
Elle enfanta le Dieu du monde,
L'Éternel, pour nous enfants d'un jour.
Vierge Marie, etc.

C'est la Vierge puissante,
La Mère du bel Amour ;
Elle est fidèle, elle est clémente,
Elle est Reine au céleste séjour.
Vierge Marie, etc.

C'est la Reine des Anges,

C'est la Reine des élus ;
Au ciel tout chante ses louanges,
Ses bienfaits, sa gloire et ses vertus.
Vierge Marie, etc.

SION, DE TA MÉLODIE.

Sion, de ta mélodie
Cesse les divins accords ;
Laisse-nous près de Marie
Faire éclater nos transports.

CHŒUR.

Sur tes autels, ô Marie,
Tous d'une commune voix
Nous jurons toute la vie
D'être fidèles à tes lois.

Mais comment de cette enceinte
Percer les voûtes des cieux ?
Descends plutôt, Vierge sainte,
Et viens régner en ces lieux.
Sur tes autels, etc.

Viens d'un exil trop sévère
Adoucir les longs tourments :
Ta présence, auguste Mère,
Sera chère à tes enfants.
Sur tes autels, etc.

Pour toi nous sentons nos âmes
Brûler en cet heureux jour
Des plus innocentes flammes,
Du plus généreux amour.
Sur tes autels, etc.

Ah ! puissions-nous à te plaire,
Consacrer tous nos instants,
Et prouver à notre Mère

Que nous sommes ses enfants.
Sur tes autels, etc.

C'EST A L'OMBRE DU SANCTUAIRE.

C'est à l'ombre du sanctuaire,
Enfants, que votre tendre Mère
A vu couler ses plus beaux jours ;
Ses jours de paix, hélas ! si courts.

CHŒUR.

Si vous avez son innocence,
Si vous aimez le travail, le silence,
Heureux enfants, vous serez ses amours ;
Toujours, toujours, toujours, toujours, toujours.

Dans sa pieuse solitude
La prière était son étude ;
Elle y poussait d'ardents soupirs,
Elle y brûlait de saints désirs.
Si vous avez, etc.

Sa voix, comme celle des Anges,
Du Très-Haut chantait les louanges ;
Ses accents purs, mélodièux,
Étaient comme un écho des cieux.
Si vous avez, etc.

HEUREUX QUI DU CŒUR DE MARIE.

Heureux qui du cœur de Marie
Connaît, honore les grandeurs,
Et qui sans crainte se confie
En ses maternelles faveurs !

CHŒUR.

Après le cœur du divin Maître,

A qui seul est dû tout encens,
Fut-il jamais, et peut-il être,
Un cœur plus digne de nos chants ? } *bis.*

Quand Jésus, né dans l'indigence,
Baigne pour nous ses yeux de pleurs,
Marie, avide de souffrance,
Aime à s'unir à ses douleurs.   Après, etc.

Quand, chargé de nos injustices,
Il veut de son sang innocent
Pour nous répandre les prémices,
Le cœur de Marie y consent.   Après, etc.

O Cœur béni, notre refuge
Et notre appui dans tous les temps;
Surtout apaisez notre juge
Dans le dernier de nos instants.   Après, etc.

JOUR MILLE FOIS HEUREUX.

CHŒUR.

Jour mille fois heureux! offrande salutaire!
C'en est donc fait, Marie a reçu nos serments !
De la Mère d'un Dieu nous sommes les enfants.
Honneur, respect, amour à notre auguste Mère.   (*bis.*)

Oui, nous l'avons juré, nous sommes ses enfants ;
Nous faisons de nos cœurs le don le plus sincère :
Que la terre et les cieux redisent nos serments :
Guerre au monde, à Satan (*bis*), amour à notre Mère. (*bis.*)

Si, parjure à nos vœux, je te quitte, ô Marie,
Que ma langue à l'instant s'attache à mon palais ;
Que ma droite séchée atteste pour jamais
Aux yeux du monde entier ma lâche perfidie.
          Oui, nous l'avons juré, etc.

i, pour nous enchaîner, des faux biens de la vie
Le monde offre à nos yeux les attraits imposteurs ;

Disons-lui, repoussant ses funestes douceurs :
Mon cœur n'est plus à moi, mon cœur est à Marie.
     Oui, nous l'avons juré, etc.

Pour prix de nos efforts, un nuage de gloire
Au ciel nous portera quand s'éteindront nos jours;
Là de nos longs travaux délassés pour toujours,
Nous nous reposerons au sein de la victoire.
     Oui, nous l'avons juré, etc.

JE METS MA CONFIANCE.

Je mets ma confiance,
Vierge, en votre secours ;
Servez-moi de défense,
Prenez soin de mes jours :
Et quand ma dernière heure
Viendra fixer mon sort,
Obtenez que je meure
De là plus sainte mort.

A votre bienveillance,
O Vierge, j'ai recours ;
Soyez mon assistance
En tous lieux et toujours.
Vous-même êtes ma Mère ;
Jésus est votre Fils,
Portez-lui la prière
De vos enfants chéris.

Sainte Vierge Marie,
Asile des pécheurs,
Prenez part, je vous prie,
A mes justes frayeurs.
Vous êtes mon refuge,
Votre Fils est mon Roi ;
Mais il sera mon juge,
Intercédez pour moi !

Ah ! soyez-moi propice

Quand il faudra mourir :
Apaisez sa justice,
Je crains de la subir.
Mère pleine de zèle ,
Protégez votre enfant ;
Je vous serai fidèle
Jusqu'au dernier instant.

Je promets , pour vous plaire,
O Reine de mon cœur,
De ne jamais rien faire
Qui blesse votre honneur :
Je veux que par hommage
Ceux qui me sont sujets
En tous lieux , à tout âge
Prennent vos intérêts.

Voyez couler mes larmes,
Mère du bel amour ;
Finissez mes alarmes
Dans ce triste séjour.
Venez rompre ma chaîne,
Je veux aller à vous :
Aimable Souveraine,
Régnez, régnez sur nous.

AUX DOUX CHANTS.

Aux doux chants
Prête l'oreille
Aux doux chants
De tes enfants.   (*fin.*)
Temple d'or, rose vermeille,
Appui des cœurs innocents ;
Aux doux chants, etc.

De nos fleurs
Reçois l'hommage,
De nos fleurs
Et de nos cœurs.   (*fin.*)

Ces présents seront le gage
De tes plus douces faveurs.
De nos fleurs, etc.

En ce jour,
Oh ! je te donne
En ce jour,
Tout mon amour.   (*fin.*)
Fleur du ciel, Vierge si bonne,
Viens nous bénir en retour.
En ce jour, etc.

Mon honneur
Est de te plaire,
Mon honneur
Et mon bonheur.   (*fin.*)
Exauce notre prière,
Vierge, Mère du Sauveur,
Mon honneur, etc.

Viens toujours,
O tendre Mère,
Viens toujours
A mon secours ;   (*fin.*)
Pour sauver notre misère,
A toi nous avons recours ;
Viens toujours, etc.

GLORIEUSE MARIE.

Glorieuse Marie,
Protectrice chérie,
Du haut des cieux
Sur nous jetez les yeux.

Vous entendez les Anges
Célébrer vos louanges ;
Que nos accents
S'unissent à leurs chants.

Aux jours de l'innocence,

Cultivez notre enfance;
  Traitez nos cœurs
Comme de tendres fleurs.

Propice au cœur fidèle
Qui vous prend pour modèle,
  Guidez nos pas
Et ne nous quittez pas.

OUI, JE SERAI TOUJOURS.

CHŒUR.

Oui, je serai toujours, Vierge, à toi fidèle,
Et jusque dans les cieux mon âme immortelle
Dira tes bienfaits, dira tes grandeurs :
Seule tu règneras avec Dieu sur nos cœurs.   (*bis.*)

Reine du ciel, doux trésor de la terre,
Jette sur moi ton regard protecteur;
Je veux t'aimer, te servir et te plaire,
Après Jésus, toi seule est mon bonheur.
      Oui, je serai toujours, etc.

A ton honneur j'ai voué mon enfance,
Mes jeux, mes soins, mes travaux, mes plaisirs,
Mes premiers jours, ma peine et ma souffrance,
L'âge plus mûr, et mes derniers soupirs.
      Oui, je serai toujours, etc.

Anges, soyez témoins de ma promesse;
Cieux, écoutez ce serment solennel :
Oui, c'en est fait, mon cœur, plein de tendresse,
Jure à Marie un amour éternel.
      Oui, je serai toujours, etc.

Si je devais, infidèle et volage,
Un seul moment cesser de te chérir,
Brise mes jours à la fleur de mon âge,
Je t'en conjure, ah ! laisse-moi mourir !
      Oui, je serai toujours, etc.

QU'UNE VIVE ET SAINTE ALLÉGRESSE.

Qu'une vive et sainte allégresse
Brille sur tous nos fronts joyeux,
Et par de nouveaux chants d'ivresse,
Faisons retentir ces beaux lieux.

CHŒUR.

Vierge, reçois cette couronne,
Fais qu'elle soit le gage heureux
De celle qu'auprès de ton trône   } *bis.*
Tu nous réserves dans les cieux.

Enfants d'une Mère chérie,
En ce jour du mois vénéré,
Portons nos tributs à Marie
Au pied de son trône sacré.
    Vierge, reçois, etc.

Le front incliné vers la terre,
Mêlons notre amour et nos chants
A ceux que pour leur tendre Mère
Font éclater tous ses enfants.
    Vierge, reçois, etc.

Vierge, ici-bas pour ta couronne
Les fleurs nous offrent leurs présents;
Fais qu'un jour auprès de ton trône
Ta couronne soit tes enfants.
    Vierge, reçois, etc.

Marie, aimable protectrice,
Sur tes enfants jette les yeux;
Vers eux étends ta main propice,
Et prête l'oreille à leurs vœux.
    Vierge, reçois, etc.

JE VOUS SALUE.

Je vous salue, auguste et sainte Reine,
Dont la beauté ravit les immortels;
Mère de grâce, aimable Souveraine,
Je me prosterne au pied de vos autels.   } *bis.*

Je vous salue, ô divine Marie,
Vous méritez l'hommage de nos cœurs ;
Après Jésus vous êtes et la vie
Et le refuge et l'espoir des pécheurs.   } *bis.*

Fils malheureux d'une coupable mère,
Bannis du ciel, les yeux baignés de pleurs,
Nous vous faisons de ce lieu de misères,
Par nos soupirs entendre nos douleurs.   } *bis.*

Ecoutez-nous, puissante protectrice,
Tournez sur nous vos yeux compatissants ;
Et montrez-nous qu'à nos désirs propice,
Du haut des cieux vous aimez vos enfants.   } *bis.*

Pleine de grâce, ô Vierge incomparable ;
L'honneur, la gloire et l'appui d'Israël,
Jetez sur nous un regard favorable,
De cet exil conduisez-nous au ciel.   } *bis.*

SOUVENT JE DIS.

Souvent je dis à mon âme attendrie
Le plus doux nom que le ciel ait donné,
Souvent ma plume écrit seule Marie;
C'est que l'amour en mon cœur l'a gravé.

CHŒUR.

Nom de Marie,
O nom d'amour !
L'âme attendrie
Te chante nuit et jour.

De l'affligé ce nom tarit les larmes,
Il rend la paix au cœur las de souffrir.
C'est un miel pur, ses parfums ont des charmes,
Et sa douceur enivre de plaisir.
           Nom de Marie, etc.

Banni du ciel, exilé sur la terre,
Comment pouvoir goûter un vrai bonheur ?
Je redirai le doux nom de ma Mère ;
Mais je le sens,... c'est trop peu pour mon cœur.
           Nom de Marie, etc.

Mon cœur languit ; entends comme il soupire
Après sa joie et son aimable espoir !
Ah ! loin de toi, tu sais ce qu'il désire !
Vierge, réponds, quand pourrai-je te voir ?
           Nom de Marie, etc.

Tu daigneras abréger ma misère,
O toi la Reine et la porte des cieux !
Appelle-moi pour contempler ma Mère,
Et la bénir de m'avoir fait heureux.
           Nom de Marie, etc.

ENFANTS, A L'AUTEL DE MARIE.

CHŒUR.

Enfants, à l'autel de Marie
Allons offrir nos cœurs,
Aux pieds d'une Mère chérie
Allons jeter des fleurs.

Prévenant notre amour, la nature s'empresse
D'embellir nos jardins, et d'embaumer les airs ;
On dirait qu'elle veut réveiller la tendresse
Des enfants de Marie, animer leurs concerts.
           Enfants, etc.

Voyez-vous s'élever au milieu des épines,
De gloire couronné, le lys majestueux ?
Telle du genre humain dominant les ruines,

Quand Marie apparaît, elle ravit les cieux.
Enfants, etc.

Qui n'aime à contempler les rayons de l'aurore ?
Mais quel que soit l'éclat de ses vives couleurs,
L'aurore et tous ses feux n'égalent pas encore
La Mère de Jésus, la Reine de nos cœurs.
Enfants, etc.

Vierge sainte, à Jésus daigne offrir ma prière,
Fais naître dans mon cœur tes aimables vertus ;
En ce jour prouve-moi que le cœur d'une mère
Ne peut ni recevoir ni donner de refus.
Enfants, etc.

JE L'AI JURÉ.

Je l'ai juré, j'appartiens à Marie,
Après Jésus elle a tout mon amour ;
A l'honorer je consacre ma vie ;
Je l'aimerai jusqu'à mon dernier jour.

CHŒUR.

Je l'ai juré,
C'est pour la vie,
Mon serment est sacré,
J'appartiens à Marie.

Je l'ai juré, de mon aimable Mère
Je graverai les doux traits dans mon cœur ;
A retracer une image si chère
Mon tendre amour mettra tout son bonheur.
Je l'ai juré, etc.

Je l'ai juré, de ta voix, ô Marie,
Je chérirai la céleste douceur ;
Sur tes leçons je réglerai ma vie ;
Sur tes vertus je formerai mon cœur.
Je l'ai juré, etc.

Je l'ai juré, dans ce doux sanctuaire
Chaque printemps me verra de retour ;
Mon cœur, pressé d'y fêter une Mère,
Y redira ses cantiques d'amour.
Je l'ai juré, etc.

HEUREUX QUI DÈS LE PREMIER AGE.

Heureux qui, dès le premier âge,
Honorant la Reine des cieux,
Fuit les dons qu'un monde volage
Etale avec pompe à ses yeux :
Qu'on est heureux sous son empire !
Qu'un cœur pur y trouve d'attraits !
Tout y ressent, tout y respire
L'amour, l'innocence et la paix.

Mondain, ta grandeur tout entière
S'anéantit dans le tombeau ;
L'instant où finit sa carrière
Du juste est l'instant le plus beau ;
La paix règne sur son visage,
Son cœur est embrasé d'amour ;
Sa vie a coulé sans nuage,
Sa mort est le soir d'un beau jour.

Comme un rocher qui, d'âge en âge
Battu par les flots agités,
Brave la fureur de l'orage
Et l'effort des vents irrités ;
Le vrai serviteur de Marie,
Sûr à jamais de son appui,
Brave l'impuissante furie
De l'enfer armé contre lui.

Mais l'éclat d'un monde volage
Séduit-il nos faibles esprits ;
Elle dédaigne notre hommage
Et le repousse avec mépris.
Dès lors que notre âme est charmée

Des biens fragiles et mortels,
Notre encens n'est qu'une fumée
Qui déshonore ses autels.

Régnez, Vierge sainte, en notre âme.
Vous y ferez régner la paix ;
Gravez dans nous en traits de flamme
Le souvenir de vos bienfaits.
Mettez à l'ombre de vos ailes
Ces cœurs qui vous sont consacrés,
Vers les demeures éternelles
Guidez nos pas mal assurés.

TENDRE MARIE, SOUVERAINE DES CIEUX.

Tendre Marie,
Souveraine des cieux,
Mère chérie,
Patronne de ces lieux ;
Veillez sur notre enfance,
Sauvez notre innocence,
Conservez-nous ce trésor précieux.　　(*bis.*)

Mère de vie,
O doux présent des cieux,
De Dieu choisie
Pour combler tous nos vœux ;
Voyez notre misère,
Montrez-vous notre Mère ;
Protégez-nous en ces jours orageux.　　(*bis.*)

L'enfer s'élance,
Dans sa noire fureur
De notre enfance
Il veut ternir la fleur.
A peine à notre aurore,
Oui, nous vaincrons encore
Si votre amour nous promet sa faveur.　　(*bis.*)

Dès le jeune âge
On peut être au Seigneur,

De notre hommage
Offrez-lui la ferveur :
Pour embraser nos âmes
Ah ! prêtez-nous vos flammes ;
Mère de Dieu, prêtez-nous votre cœur.   (*bis.*)

O bienfaitrice
De nos plus jeunes ans !
O protectrice
De nos derniers moments ;
O douce, ô tendre Mère,
Trop heureux de vous plaire,
Toujours, toujours nous serons vos enfants. (*bis.*)

CANTIQUE DE LA SAINTE VIERGE.

Magnificat * anima mea Dominum ,

Et exultavit spiritus meus * in Deo salutari meo ;

Quia respexit humilitatem ancillæ suæ : * ecce enim ex hoc beatam me dicent omnes generationes.

Quia fecit mihi magna qui potens est ; * et sanctum nomen ejus.

Et misericordia ejus a progenie in progenies * timentibus eum.

Fecit potentiam in brachio suo ; * dispersit superbos mente cordis sui.

Deposuit potentes de sede , * et exaltavit humiles.

Esurientes implevit bonis , * et divites dimisit inanes.

Suscepit Israel puerum suum, * recordatus misericordiæ suæ ,

Sicut locutus est ad patres nostros : * Abraham , et semini ejus in sæcula.

PROSE A LA SAINTE VIERGE.

Inviolata, integra et casta es, Maria,
Quæ es effecta fulgida cœli porta.
O Mater alma Christi charissima,
Suscipe pia laudum præconia.
Nostra ut pura pectora sint et corpora,
Te nunc flagitant devota corda et ora.
Tua per precata dulcisona,
Nobis concedas veniam per sæcula.
O benigna ! o benigna ! o benigna !
Quæ sola inviolata permansisti.

℣. Veritas de terra orta est. ℟. Et justitia de cœlo prospexit.

FIN.

TABLE

DES CANTIQUES.

FIN DE LA TABLE.

Tours, imp. J. Bouserez.